AF268083

UN CENTENAIRE

SUPPLÉMENT

A LA BIOGRAPHIE CONTEMPORAINE

PAR ÉDOUARD MAGNIEN

Auteur de la VIE DRAMATIQUE DE LORD BYRON, des EXCURSIONS
EN ESPAGNE, etc

« . . . .
« Mais vivre et mourir en aimant,
« Est un bonheur toujours possible ;
« C'est par le cœur qu'on est sensible,
« Il bat jusqu'au dernier moment.

(LE CENTENAIRE, page 28.)

PARIS

CH. TRESSE, ÉDITEUR

Acquéreur des fonds de **J.-N. BARBA** et **V. BEZOU**

PALAIS-ROYAL, GALERIE DE CHARTRES
n.os 2 et 3, derrière le Théâtre - Français.

1841

LES faits divers de la presse quotidienne signalent assez souvent des exemples de longévité plus ou moins remarquables, plus ou moins authentiques. Mais d'ordinaire il s'agit d'individus insignifiants; de quelque ancien de village, consulté sur le bornage des terres comme un plan cadastral vivant; sur la filiation de ses voisins comme un registre ambulant de l'état civil; ou bien de quelque bonne femme qui, après avoir été le glossaire le plus complet des vains propos de l'endroit, ne laissera que l'épitaphe de la matrone de l'antiquité : *domi mansit, lanam fecit,*

« Elle vécut chez elle et fila sa quenouille. »

Trop heureux encore ces survivants de leur génération, ces mortels oubliés sur la terre par la main qui les y jeta, s'ils n'y végètent pas en pleine décrépitude, avec leur corps perclus, leur raison éteinte, leurs sens évanouis; lamentable existence plus morne que le trépas, enfance rétrograde, introduction mélancolique à une seconde vie par un second néant !

Or, maintenant imaginez que l'un de ces vétérans de la race humaine, après un siècle révolu plus deux années, soutient victorieusement la lutte ici-bas, non seulement libre de tous ses membres, possesseur de tous ses organes, mais conservant la même intégrité parfaite dans les facultés morales et intellectuelles ; supposez que cet homme des anciens jours, qui appartient à la classe la plus éclairée de la société, n'a pas cessé un instant de s'associer au mouvement des intelligences et ne demeure étranger à rien de ce qui surgit dans les lettres, dans les arts ou dans les sciences ; ajoutez que jusqu'à ce moment la moindre lacune, la plus légère perturbation ne s'est point manifestée dans une prodigieuse mémoire qu'il continue d'enrichir avec une ardeur infatigable ; qu'enfin chez lui l'ame d'un vrai sage et toutes les qualités attrayantes du cœur et de l'esprit sont rehaussées encore par le bon ton, les belles manières et l'art complet d'un savoir-vivre, hélas ! devenu presque l'histoire ancienne de nos mœurs ; figurez-vous tout cela, et dites si l'être privilégié qui en offre la réalisation ne réclame pas une mention plus détaillée que ces caducs invalides, que ces grabataires exténués, fantômes humains, débris d'eux-mêmes, qui, dans leur interminable agonie, ne comptent plus au nombre des vivants que pour mémoire ?

Et ne croyez pas que ce portrait soit flatté : l'original, bien qu'il ait dès long-temps fui l'éclat comme d'autres le recherchent, est resté connu de trop de monde pour que j'attente à sa ressemblance dans des pages où plus d'un de ses amis la jugera : je la maintiens d'une exactitude et d'une fidélité daguerriennes.

En admettant même que, privé dès principaux attributs qui en font une organisation d'élite, il n'eût
conservé que le souvenir et quelque jugement, ce serait encore un homme digne d'un curieux intérêt et
d'une vive sympathie par l'espace déterminé que ses
pas ont parcouru dans l'histoire de notre pays : je
m'explique. Un publiciste célèbre faisait la réflexion
qu'à la date du 20 juin 1839, un demi-siècle s'était
écoulé depuis que l'Assemblée Nationale, improvisée
dans le Jeu de Paume de Versailles, avait juré de ne se
dissoudre qu'après avoir donné une constitution à la
France ; or, ce jour est regardé comme le commence-
ment effectif de notre Révolution. Si donc, ajoutait-il,
il existe parmi nos compatriotes un vieillard encore
sain d'esprit et doué de mémoire, qui, vers cette présente année, ait atteint cent ans, la vie d'intelligence de
ce remarquable Français se sera trouvée partagée par
moitiés égales entre les deux états sociaux les plus dis-
semblables qui se soient jamais succédé immédiatement dans un même pays ; et celui-là de nos contemporains qui, par son âge, aura pu assister avec discernement aux cinquante dernières années de l'ancien
régime et aux cinquante premières du nouveau, aura
été témoin du plus frappant contraste qu'il soit donné
à une vie humaine d'expérimenter dans le déplacement
complet des éléments d'une même société. — Eh bien !
le remarquable Français, témoin avec discernement des
cinquante dernières et premières années des deux ré-
gimes les plus disparates ; le monument séculaire, pen-
sant, raisonnant et analysant, demeuré intact dans *ce*
déplacement complet des éléments d'une même société ;

c'est lui, le voilà ! Il se présente à vous comme le plus riche recueil d'enseignements, comme le plus précieux mémoire à consulter sur l'incessante fantasmagorie des hommes et des choses, sur la lutte acharnée des génies du bien et du mal, avant, pendant et après ce gigantesque enfantement qui ébranla le monde et qu'on a nommé la Révolution !

Toutefois, avant de passer outre, j'avertirai le lecteur blasé, réduit au régime des toniques et des stimulants, que le héros de la présente Notice ne promet rien de saisissant ni d'accidenté dans sa vie. Oui : dans cette longue course humanitaire, il faut bien l'avouer, de roman intime, fort peu ; d'aventures prodigieuses, aucune ; de drame échevelé, pas l'ombre ! bref, elle ne ressemble nullement à un torrent écumeux qui se précipite en arrachant ses bords : mais plutôt (passez-moi l'image bucolique) à un tranquille ruisseau dont les ondes limpides baignent la prairie et réfléchissent un ciel d'azur : je vais en suivre le cours.

C'est à Paris, le 21 décembre 1738, que M. Le Roy (Adrien-Jean-Baptiste) ouvrit ses yeux à la lumière qu'ils devaient contempler si long-temps, bien que sa complexion fût celle de ces êtres infimes désignés pour la coupe réglée que la mort étend sur la moitié du genre humain avant l'âge adulte. Mais cette constitution débile bougeait à peine, que son intelligence avait pris les devants, portant l'imagination en croupe ; et déjà se développaient, chez les habiles Jésuites de La Flèche, son penchant précoce pour les grands modèles, son sentiment exquis, ou mieux, son instinct inné du beau et du bon en toute chose. Nul, entre les illustres classiques, objets de son naïf enthousiasme, n'y eut plus de part que le poète de Tybur, dont il fit son *vade mecum* le jour, son épée de chevet la nuit, et que, pour être plus assuré de posséder toujours, il finit par graver tout entier dans sa mémoire, comme sur une table d'airain : c'est si bien à la *memoria œrea* qu'il a confié ce dépôt, qu'au bout d'un siècle il vous en récite encore sans broncher toute pièce au hasard ; puis immédiatement sa traduction en vers, pour vous faire regretter sans doute qu'elle soit inédite. Au surplus, je ne mentionne cette prédilection, fort naturelle pour un auteur aimé de tout le monde, qu'à cause de son influence notable sur le caractère de M. Le Roy, dont les traits principaux furent toujours l'aimable philosophie qui professe les paisibles jouissances d'une vie sans excès, l'indulgence pour nos faiblesses, la modération dans les désirs, une constante égalité d'ame, et l'enjouement tempéré par la raison.

En quittant l'école pour débuter dans le monde, il dédaigna la carrière brillante et rapide de la haute finance, ouverte devant lui par la position sociale de sa famille, pour suivre sa véritable vocation, l'exercice des nobles facultés de l'esprit ; et bientôt, grâce à son heureuse nature, il put mener de front les froides spéculations de la philosophie avec le culte ardent des lettres et les diverses branches de l'esthétique. Persécuté cependant sur cette obligation de *prendre un état*, dont il tenait aussi peu compte que l'indépendant Réné de Châteaubriant, il finit par entrer de guerre lasse dans le commissariat de la marine royale, afin de satisfaire, sous des aspects plus variés, en voyageant, sa soif d'observer et de connaître ; car il pensait, avec le Cosmopolite, que le monde est un livre dont on n'a lu que la première page, quand on n'a vu que son pays. Il se mit donc à feuilleter l'immense volume, c'est-à-dire qu'il effectua maints voyages au long cours sur les bâtiments de l'Etat, sous les marins les plus célèbres de son temps. Parmi ceux dont la distinction et l'aménité de son caractère lui valurent l'amitié, je citerai Lapérouse, sur lequel il possède des détails privés qui présentent l'infortuné navigateur sous le jour le plus intéressant.

A l'époque où les puissantes colonies de l'Angleterre aux Indes-Occidentales, s'assurèrent le concours de la France dans l'œuvre de leur indépendance, le pavillon de la Grande-Bretagne et le nôtre ne se croisèrent plus sur les mers sans qu'il se brûlât quelque amorce ; c'est ce dont fut témoin plus d'une fois M. Le Roy dans ses traversées de l'Atlantique, et notamment un jour à bord de la frégate l'*Amétiste*, capitaine de Courcy (ce grade existait alors), lequel, du plus loin qu'il avisa les couleurs de la *perfide* Albion sur un bâtiment de même échantillon que le sien, ordonna le branle-bas pour « entamer un bout de conversation », comme disent les loups de mer. Celle-ci fut des plus chaudes, mais peu goûtée des insulaires, car nos gens y tinrent le dé constamment ; et notre jeune commissaire, en dépit de ses fonctions comptables, fit tant qu'il obtint du commandant la permission de monter sur le pont pour y prendre une part brillante, *en amateur*. Puis, semblables à deux duellistes qui déclarent l'honneur satisfait après s'être estropiés suffisamment par principes, les frégates remirent à la voile tant bien que mal, et M. Le Roy, regagnant sa soute aux poudres, ne manqua pas de s'écrier, à la vue des charpentiers bouchant les trous de boulets dans les œuvres vives : *Illi robur et æs triplex*, etc.

Pendant sa dernière campagne, il fut pris du scorbut, et, par suite, attaqué de la poitrine assez sérieusement pour être forcé de prendre sa retraite, qui lui fut accordée avec la pension de son grade. Cette pension ayant été supprimée plus tard par la République, on lui offrit de la rétablir sous l'un des gouvernements qui suivirent, pourvu qu'il produisît un certificat d'indigence : « *Malheureusement,* dit-il plaisamment à ce sujet, je n'étais pas en mesure de fournir cette pièce. »

De retour à Paris, et trouvant désormais dans son patrimoine la douce indépendance et la *médiocrité dorée* que ses vœux ne dépassèrent jamais, il reprit avec délices les livres poudreux de la sagesse antique, sans négliger pour cela les modernes. Lui-même alors prit rang parmi les polygraphes, en déposant dans les recueils périodiques le tribut fréquent de sa plume ingénieuse et diserte. De plus, il publia séparément les opuscules suivants : 1.° *Examen de cette question : Si les inscriptions des monuments doivent être en langue nationale* (Amsterdam – Paris, 1781, in-8.°), et où il adopte l'affirmative avec une grande apparence de raison ; 2.° l'*Eloge du duc de Montausier* (Paris. 1783, in-8.°), sujet proposé par l'Académie française qui lui décerna la mention honorable : le prix fut remporté par le célèbre Garat, *qui depuis...... mais alors il n'a-*

vait pas quitté les tournois savants pour l'arène politique; 3.° l'*Eloge de Fontenelle* (Paris, 1784, in-8.°),
encore avec mention honorable et le prix au même
Garat. Après avoir fait remarquer le singulier hasard
qui choisissait un futur centenaire pour biographe
d'une existence séculaire, j'ajouterai quelques mots
sur la dernière apparition de M. Le Roy dans ces joûtes
littéraires.

Le sage aimable qui le premier « orna la science des
grâces de l'imagination, » l'auteur de *la Pluralité des
Mondes* et de *la Géométrie de l'Infini*, offrait un sujet
d'autant plus complexe à traiter qu'il le semblait peut-
être moins au premier coup - d'œil ; car Fontenelle,
selon l'impression personnelle et le point de vue de
chacun, apparaissait diversement comme un homme
d'esprit, de talent ou de génie ; c'est sous ces trois
attributs que le lauréat de l'Académie l'envisagea, mais
sans indiquer les proportions de cette figure sous son
triple aspect et, par conséquent, sans fixer le rang de
cet écrivain dans la postérité ; omission grave qu'évita
M. Le Roy en déterminant la mesure des facultés du
célèbre académicien aux doses bien établies depuis par
le temps. Des citations de cet ouvrage, remarquable
par une instruction peu commune jointe à une admirable pureté de style, manqueraient de l'intérêt
qu'emprunte sur-tout à l'actualité ce genre de compositions ; mais je dois consigner ici qu'un parti nom-
breux de gens de goût soutint que le concurrent de
Garat avait mérité une distinction plus glorieuse que
la mention et, qu'en cela, les Quarante avaient fait
preuve de discernement en nombre pareil à celui dans

lequel Piron leur trouvait de l'esprit. C'est même à cette occasion que parut dans le *Journal de Paris,* du 3 septembre 1784, la pièce suivante, où M. Le Roy se peint en quelques lignes bien mieux que je ne le ferai dans toutes ces pages.

A M. DE ROCHEFORT [1].

S'il faut qu'entre nous je m'explique
Avec un peu de liberté ;
Je ne me sens pas très flatté
Du jugement académique.
De Garat j'aime le talent ;
Moi-même sur son front brillant
J'irais attacher la couronne ;
Mais je dois être peu content
(Soit dit sans offenser personne)
Quand on m'exclut du second rang
Et qu'à nul autre on ne le donne [2].
Plaignons-nous cependant tout bas :
Le public rit, pour l'ordinaire,
Du dépit et des vains éclats
Que la vanité nous suggère,
Et des ridicules débats
Qu'enfante un honneur éphémère.
Qu'ainsi l'amour-propre vaincu
S'immole à la philosophie ;
Ayons un peu de modestie

---

(1) De l'Académie des Inscriptions; traducteur d'Homère et de Sophocle.
(2) L'Académie française réserva son second Prix dans ce Concours.

Par politique ou par vertu ;
Du sage et prudent Fontenelle
Imitons l'esprit modéré ;
Pourquoi l'aurais-je célébré
S'il ne me servait de modèle ?
J'ai fait estimer sa raison,
Qu'elle me fournisse des armes ;
Des Lettres j'ai vanté les charmes,
Gardons d'y mêler du poison.

Cependant vous croirez sans peine
Que plus de succès m'eût flatté :
Qui n'a, dit le bon La Fontaine,
Un petit grain de vanité ?
Trop tard entré dans la carriére,
Jeune auteur, déjà vieux garçon,
Je n'ai pas su prendre le ton
Qui seul à mes juges peut plaire.
Renonçons donc, et pour toujours,
Mais sans humeur et sans colére,
Aux académiques concours.
Je suivrai votre conseil sage,
Ami dont le goût indulgent
M'a soutenu par son suffrage
Contre l'arrêt décourageant
Du littéraire aréopage.
Tranquille, pour d'autres rivaux
Je verrai s'ouvrir la barriére ;
Une liberté plus entière
Animera mon doux repos,
Et je mettrai dans mes travaux
Une indépendance plus fière.
Mais, de mes juges peu content,

- Je les honore et les révère ;
Si mes écrits n'ont pu leur plaire,
Des leurs je n'en dis pas autant ;
Et c'est l'aveu qu'en les quittant,
Ma Muse aime encore à leur faire.
Ainsi, quand Gresset, autrefois,
Lassé des monacales lois
Et du jésuitique régime,
Au monde, en riant, s'envola,
Il garda toujours son estime
Pour les enfants de Loyola.

Tout dépend des commencements : nul doute, qu'excité par un début plus prospère, avec son fonds si riche d'érudition et d'imagination, avec sa saine dialectique et la rectitude naturelle de sa pensée, M. Le Roy n'eût fini par se ranger au nombre des puissances intellectuelles de son âge ; lancé d'ailleurs comme il l'était dans les cercles savants, et pouvant compter sur les bons coups d'épaule de la camarade-rie, laquelle, pour le dire en passant, n'est point une invention de notre siècle, témoin ce vers connu du XVIII.ᵉ :

« Nul n'aura de l'esprit, hors nous et nos amis. »

Mais un découragement d'une autre nature le dé-tournait de ces travaux âpres et soutenus qui comp-tent avec l'avenir : c'était l'état de plus en plus chan-celant de sa santé depuis ses courses maritimes. Quand d'ailleurs le spectre menaçant de la phthisie, lui montrait la tombe précoce d'une mère et le front pâlissant d'une sœur, on conçoit qu'il pût alors « quitter le long espoir et les vastes pensers ; » et pourtant, ô destinée ! il n'était pas à la moitié de sa route, et de ces myriades sans nombre d'humains arrivés sur la terre en même temps que lui, passant dédaigneusement auprès de sa débilité dans l'orgueil de la force et dans la fleur de l'âge, le voilà demeuré seul, ou presque seul debout aujourd'hui ! Supputez donc les probabilités de la mort et de la vie après cela !

Il y a dans une pièce bien connue du théâtre moderne, le rôle d'un viveur poitrinaire qui, se voyant condamné par les médecins, s'arrange de manière à manger son fonds avec son revenu dans l'espace limité par sa maladie mortelle ; et qui venant à recouvrer inopinément la santé, se trouve un beau matin guéri et ruiné. Certes, il est heureux pour M. Le Roy de n'avoir pas adopté un plan semblable dans un cas analogue ; car il y a plus d'un demi-siècle qu'il serait à la besace. Mieux avisé que le personnage de M. Scribe, il se contenta de l'imiter dans son retour à la vie, qu'il se remit à partager doucement entre ses études favorites et la fréquentation du beau monde. Accueilli dans la meilleure compagnie pour l'élégance de ses mœurs, il cultiva plus particulièrement la société des dames d'Houdetot et Charles de Damas, déesses de la mode, belles adorées de ce temps-là ; mais surtout l'amitié de madame de Flahaut, depuis madame de Souza ; femme long-temps célèbre par les grâces de sa personne et de son esprit, perpétuées dans les délicieux petits romans que chacun a lus.

Mais il fuyait souvent les brillantes réunions, où la parole est plus abondante que la pensée, pour celles des hommes de haute intelligence qui avaient leurs points de ralliement chez mesdames Geoffrin, Suard, Broutin, de l'Espinasse, etc., où se rencontraient aussi beaucoup d'illustres étrangers, tels que Hume, Sterne, Garrick, Shelburne, Piestley, le duc de Brunswick, Beccaria, Franklin, et dont l'assemblage faisait appeler Paris « le café de l'Europe. » Il écouta, il observa d'aussi près que possible tous ces demi-dieux, tous ces oracles de l'époque, les brillants académiciens, les hardis philosophes, toute la cohorte encyclopédique enfin. Il prit part lui-même, il mêla son souffle et sa voix aux thèses littéraires ou scientifiques de ces représentants de l'entendement humain, ainsi qu'à leurs ardents débats sur les questions les plus délicates d'une inévitable régénération sociale. Plusieurs témoignages de sa présence existent dans les collections biographiques du XVIII.ᵉ siècle : pour n'en citer qu'un seul entre les plus authentiques et comme certificat de notoriété fort valable, l'éminent critique et publiciste dont Voltaire a dit « qu'il ne connaissait personne qui fût plus capable de rendre service à la raison », l'abbé Morellet, tome II de ses Mémoires, après quelques détails sur les habitués de madame Broutin, ajoute « qu'il y distinguait aussi Dureau Delamalle, traducteur de Tacite, et *Le Roy, ancien commissaire de la marine, doué au souverain degré d'un esprit sain, d'un goût sûr et de la plus aimable sociabilité;* mots qui, sous la plume de l'abbé Morellet, homme lui-même du goût le plus sûr et de l'esprit le plus sain, deviennent un excellent passeport dans la république savante pour celui auquel ils s'appliquent.

Cependant une perturbation croissante se manifestait, et la révolution opérée dans les idées allait s'accomplir dans les faits : on entrait en 89. Si j'ai dit que M. Le Roy, à raison de ses relations avec la plupart des hommes éminents par l'expression de la pensée, ne put manquer d'assister aux réunions privées où se discutèrent les théories nouvelles qui devaient amener la transformation prochaine d'un grand peuple, j'ajouterai que les sobres penchants de son ame et les placides habitudes de son honnête nature, sont garants de la tempérance et de l'esprit modérateur qu'il dut apporter dans ces brûlantes controverses. Enfin, la faiblesse des bons et l'énergie des méchants amenèrent ces détestables jours, dont le mot de *Terreur* est demeuré l'expression dans notre histoire comme dans notre langue, et la loi *des Suspects* fut rendue. Si son application menaçait quelqu'un, c'était bien *un enragé de modéré* comme M. Le Roy. En effet, mis des premiers au nombre de ces aristocrates qu'on traquait comme des bêtes fauves, il employa pour dérober sa piste aux limiers de la démagogie, l'ingénieux expédient exploité présentement par les Parisiens peu épris des charmes de la patrouille et de la faction : il *déménagea, déménagea, déménagea*, se reposant au milieu de livres choisis dans le court intervalle de chaque pérégrination, et conjurant avec ces fidèles consolateurs, les sombres préoccupations du moment.

Il n'en fut pas moins inquiété plus d'une fois. Un jour, sous prétexte de quelques bouquins anglais dans sa bibliothèque, dénoncé comme agent de Pitt et Cobourg par Scévola, son cordonnier (lequel, en dépit du *ne sutor ultrà crepidam*, s'attelait au timon de l'Etat avec son tire-pied), il n'eut que le temps de s'esquiver après avoir fourré dans sa poche deux de ses meilleurs amis, *Virgilius Maro* et *Ovidius Naso* : quant à *Horatius Flaccus*, j'ai indiqué par quel procédé ce romain et lui étaient devenus inséparables. Moins alerte, à quelque temps de là, il fut pris et conduit devant le Comité du Salut public de sa section, pour y subir l'interrogatoire suivant de certain président, charcutier de sa profession, et de plus, fort enclin aux liaisons incongrues,

« Qu'en termes décisifs condamne Vaugelas. »

— Citoyen , t'èt inculpé pour ton nom. — Mon nom?... Et qu'avez-vous à lui reprocher? — C'est celui du tyran, et le peuple francé a juré l'extermination de tous les tyrans. — Maïs, citoyen, vous me voyez, je suis délicat et petit; supposez qu'on me nomme Le Fort ou Le Grand, en aurais-je la tête plus haute ou les épaules plus larges? Pourquoi voulez-vous donc, parce que je m'appellé Le Roy.... — C'est égal, citoyen; t'as là tout d' même un f.... fichu nom, et qu'est susceptib' d'offusquer la nation. — Je n'en eus jamais l'intention. Au surplus, vous ne trouvez pas mauvais que l'un des plus fameux citoyens de la section conserve non seulement le nom d'un ci-devant tyran, mais bien pis, celui d'un ci-devant saint !... — Ah ben ! par exemple ! qui donc, qui donc? — Eh parbleu, le citoyen David. » — En effet, le peintre du Jeu du Paume habitait le même quartier que M. Le Roy;

mais nul ne se souciait de chercher querelle au fougueux conventionnel. Aussi les membres du comité se regardèrent-ils en se mordant les lèvres, et le président-fabricant de saucisses, après avoir bredouillé quelque phrase civique incompréhensible, se hâta-t-il de formuler l'acquittement provisoire du prévenu par le mot d'usage : « ajourné. »

Peu curieux néanmoins d'un nouveau rendez-vous de ce genre, et frappé chaque jour dans ses plus intimes affections, notamment en celle d'André Chénier, son confident poétique, M. Le Roy s'enfuit avec les frères Trudaine en Normandie, où il trouva plus de sécurité tout d'abord, comme on peut en juger par ces paroles d'un homme du peuple auquel il demandait son chemin dans les rues de Rouen, et qui, à son extérieur simple et décent, le prenant pour un de ces pauvres prêtres rebelles au serment constitutionnel, lui dit avec bonhomie: « Viens, viens, mon cher réfractaire, je n' te trahirons « pas. » C'est là qu'il attendit, sain et sauf, le 9 thermidor ; mais les Trudaine, moins heureux, furent immolés ensemble la veille même de ce jour libérateur.

Lorsque s'apaisèrent les flots de l'épouvantable tempête, il compta ses compagnons échappés au naufrage ; deux des plus chers, M. Suard et l'abbé Morellet lui apparurent, et tous trois, se serrant tristement la main, semblèrent se dire avec le chantre d'Enée : *Rari nantes in gurgite vasto !* C'est du fond d'une studieuse retraite qu'il prêta l'oreille au cliquetis retentissant, aux fanfares triomphantes de l'épopée consulaire et impériale. Les quinze années que nous employâmes à sabrer l'Europe à tort et à travers pour

amasser des conquêtes dont il ne nous reste aujour-
d'hui que des frontières mutilées et les bulletins de
la Grande-Armée, ce pacifique sage les a consacrées
à des excursions moins aventureuses dans les vastes
régions de l'intelligence où s'élèvent les trophées plus
durables de l'esprit et de la raison.

Durant ces quinze autres années de la royauté res-
taurée, c'est-à-dire de soixante-quinze à quatre-vingt-
dix ans, âge amateur de la vie casanière et réglée, nous
le voyons partageant le destin voyageur d'une partie de
sa famille dans un haut emploi administratif, recom-
mencer son tour de France ; explorer nos Alpes, nos
Pyrénées, notre littoral, sans prendre plus de souci
qu'un écolier des changements de température, de
gîte ou de régime, et contracter au loin des liaisons
nouvelles à cette période suprême où l'on n'a plus
qu'à renoncer aux anciennes.

En 1836, une infortune de ce genre l'affecta vivement dans la personne de madame de Souza, dont il
cultivait l'intimité depuis tant d'années. En perdant
cette femme distinguée, modèle d'urbanité, d'élégance
et de bon goût, il lui sembla renoncer comme à une
portion de lui-même et voir s'évanouir le charme de
ses illusions rétrospectives, sous une image flatteuse et
quelque peu idéale de son XVIII.[e] siècle. C'est depuis
cette séparation que ses séjours à Paris sont devenus
moins fréquents ; il les a même entièrement interrom-
pus en dernier lieu, tout en conservant la velléité de
revoir la moderne Babylone, sa patrie, dont il reste
voisin dans l'une des belles terres du canton de Mont-
fort-l'Amaury.

On doit regretter que M. Le Roy, avec sa modération de caractère et sa facilité d'humeur, principaux éléments du bonheur domestique, ait atteint l'âge d'un patriarche, sans avoir droit à ce titre dans l'acception biblique du mot. Faut-il s'en étonner beaucoup? N'aurait-il pas, en cela, subi l'une des influences de son temps, et sur-tout l'exemple d'un grand nombre de ses amis dans les Lettres et dans les Sciences; lesquels, à la vue d'une Société passée des roués de la Régence aux règnes des Trois-Cotillons, craignirent de mettre en présence les théories de la philosophie avec l'une de ses pratiques, et se dirent prudemment, comme ce Sage de la Rome impudique : *nolo coronari.*

Quand je cite la longévité de M. Le Roy comme un fait quasi phénoménal, ce n'est pas pour ses cent deux ans, chiffre atteint et probablement dépassé par un certain nombre d'individus, mais bien, je le répète, pour l'état d'intégrité de son moi physique et moral, pour cette possession aussi complète que possible des deux biens les plus désirables, des deux meilleurs dons du ciel à l'homme : *mens sana in corpore sano.* Là, se montre la merveille, et si peu vulgaire, que je me permettrai de douter qu'il compte un émule en France, *ex æquo,* tel qu'il est et à l'heure qu'il est. Car on ne se figure pas l'aisance avec laquelle il meut son écrasant fardeau ; il n'a seulement pas l'air d'y penser. L'ongle acéré du temps semble hésiter d'imprimer les stigmates de la caducité sur le front serein qui recèle encore la pensée féconde et agissante, où réside encore une force intelligente dont serait jaloux tout homme exploitant dans sa maturité virile la scène active du monde. Il ne s'est pas même douté jusqu'à présent de cette *difficulté d'être* dont se plaignait son modèle Fontenelle. Rien ne défaille ni ne s'oblitère ; tout est en ordre, à l'état normal dans cet organisme admirable. Ainsi de son humeur et de son caractère que l'hiver le plus avancé des ans n'a pu altérer ni assombrir ; rassemblez toutes les épithètes fâcheuses de la dernière saison de l'homme moral, j'atteste que pas une n'est applicable à celui dont il s'agit, et que si j'avais à désigner poétiquement l'âge de son esprit, je dirais qu'il compte cent deux printemps : ce qu'il y a de très vieux, de vraiment vieux chez lui..... c'est son acte de naissance.

Son corps droit, parfaitement souple, exempt des tristes affaissements de l'extrême vieillesse ; ses épaules effacées qu'ombragent de longs cheveux argentés ; sa figure bienveillante et calme, spirituelle et distinguée, tout prévient dans son extérieur vénérable que relève encore une exacte propreté jointe à une certaine recherche de toilette. Depuis un demi-siècle que la phthisie l'a oublié, il n'a pas fait une maladie et n'est sujet qu'à de rares indispositions qu'il combat invariablement par la diète ; c'est son dictame sauveur, son unique panacée : on dirait qu'il a voulu retourner l'aphorisme d'Hippocrate en se ménageant *une vie si longue avec un art si borné.* Ce n'est pas non plus chose très commune par le temps qui court que l'impunité avec laquelle son appétit centenaire s'attaque aux préparations les moins innocentes de la *chimie culinaire ;* aussi les modernes dérivés pathologiques de *guster* ne

lui semblent-ils qu'un pitoyable néologisme, et nul,
dans l'exercice des fonctions réparatrices, n'est en
état de justifier mieux que lui cette remarque mélancolique de Berchoux :

« Hélas! nous n'avons plus l'estomac de nos pères ! »

Sa vue, qu'il exerce depuis si long-temps avec l'assi-
duité d'un bibliophile juré, n'est pas obscurcie du plus
léger nuage ; quoique usant habituellement de la
loupe, il peut très bien s'en passer, et n'écrit d'ailleurs
qu'à l'œil nu, d'une main non moins nette que ferme.

Par suite d'un goût invétéré pour la vie de cabinet,
il regarde la promenade comme celui qui la surnom-
mait « le premier des plaisirs insipides. », et préfère
aux allées sablées du superbe parc étendu sous ses fe-
nêtres le tapis moelleux de sa riche bibliothèque; c'est
là son jardin d'Académus, sa verte oasis, son Éden
fleuri, qu'il parcourt incessamment en butinant comme
l'abeille. Là, tant que le soleil n'est pas sous l'horizon,
vous êtes sûr de trouver ce doyen des étudiants de
France compulsant, commentant ou composant, tantôt sur une question de physique du monde primitif,
tantôt sur un sujet de statistique de l'année cou-
rante ; parfois aussi (*quandoque bonus....*) plongeant
son esprit détendu dans la molle quiétude de ce re-
cueillement contemplatif qui nous fait arriver, avec *la
folle du logis*, jusqu'aux vagues espaces de la somno-
lence. C'est aussi là que chaque matin ses proches,
dont il est l'orgueil et la douce joie, viennent saluer
respectueusement sa bienvenue à un nouveau jour dans
le second siècle de grâce qu'il aborde si résolument :

ce moment est celui de sa causerie familière, de cette ancienne causerie spirituelle, étincelante, pleine de bon ton, de belle humeur et de fleur athénienne, dont il reste, sinon le seul, au moins le plus ancien conservateur, aujourd'hui que nous avons remplacé les disputes de l'esprit par l'esprit de dispute, et pis encore, par l'esprit de parti, de tous les esprits le plus sot, *nemine contradicente.*

Pour fournir aux frais d'une telle conversation, il est vrai qu'indépendamment de son propre fonds d'observations, d'anecdotes et de souvenirs sans nombre, recueillis dans le frottement des hommes et des choses, il possède encore la richesse d'autrui, c'est-à-dire les trésors de sentiment et d'élégance puisés aux meilleures sources dans le cours de sa lecture séculaire, et qu'une imperturbable mémoire exploite avec un bonheur singulier pour compléter ses idées ou orner son langage. Sous ce rapport, je le compare à certains beaux-fils du Jockey-club qui mènent un train de prince, en doublant leur revenu personnel avec la bourse des amis. C'est bien lui qui vous parlera « *de toutes choses et de quelques autres encore* », et notez ceci, sans répétition, sans rabâchage ; c'est chaque jour du neuf avec ce vieil homme. Il faut l'écouter sur-tout défendre comme un grand-maître de l'Université les saines doctrines de l'art contre l'irruption des modernes Vandales; il faut l'entendre invoquer Lucine à mains jointes contre ces avortements de notre littérature à la course, provoqués par le forceps des libraires, contre ces fausses couches d'auteurs, tristes pères d'embrions non viables, faute d'observer le précepte d'Horace sur la durée de la gestation intellectuelle : *nonum servetur ad annum.* Non pas que le sarcasme de M. Le Roy prenne sa source dans le dénigrement d'un prôneur exclusif du passé ; certes il connaît et glorifie les productions qui honorent le présent ; mais, alarmé de certaines tendances, choqué de certaines énormités, il voudrait sauver de toute profanation le temple du Goût, dont il est un des prêtres les plus fervents.

On conçoit que, nonobstant la facilité avec laquelle il s'est acclimaté dans notre XIX.ᵉ siècle, il aime à se reporter dans le précédent, où, d'ailleurs, se sont écoulées trois saisons de sa vie. Le poète a dit que l'esprit recevait les impressions plus vivement par les yeux que par l'oreille ; tout au contraire, avec ce vénérable conteur, sa tradition orale offre des accents de vérité si frappants, que vous appréciez mieux tel fait ou tel individu par quelques mots de lui que dans tous les Mémoires du temps ; il vous fait, si j'osais dire, voir par les yeux de l'oreille. Ainsi, soit que, décrivant la querelle musicale qui partagea nos pères en deux camps d'Allemands et d'Italiens, il peigne les risibles fureurs de l'honnête Marmontel, traitant publiquement de marauds ceux des Académiciens qui prétendaient que Gluck composait un *Orlando*, et Piccini un *Orlandino* ; soit qu'il nous montre chez M.ˡˡᵉ de l'Espinasse l'historien majestueux des *Époques de la Nature,* s'écriant au milieu d'une dissertation sur les styles : « Quant au sublime, c'est une autre paire de manches », et, mêlant jusqu'au bout, selon son usage, les dictons les plus vulgaires aux pensées les plus choisies, à la stupéfaction d'étrangers qui ne le connaissaient que par la pompe de ses écrits ; soit qu'il nous raconte la visite inopinée des philosophes chez le défiant Rousseau, qui, s'imaginant qu'on vient espionner son pauvre ménage et regarder dans son pot-au-feu, lève le convercle en leur détaillant ce qu'il contient, avec une rage concentrée qu'aucune protestation ne peut apaiser ; lorsqu'il joint à ces détails familiers le ton, la manière et jusqu'aux formes imitées du langage d'autrefois, alors vous oubliez le narrateur pour les personnages qu'il met en scène ; vous êtes entouré d'eux, n'osant remuer, vous tenant coi, dans la crainte de déranger la perruque de Marmontel, de froisser les dentelles de M. de Buffon, ou de heurter la marmite de Jean-Jacques.

Mais le plus saillant de sa conversation est dans la date étrange de certains souvenirs. On se croit sous l'influence du prestige, on s'imagine rêver, quand il vous entretient des événements de son enfance, le ministère Fleury, la régence Pompadour, Fontenoy, Lawfelt ; ou des hommes de sa première jeunesse, du centenaire Fontenelle, par exemple, comme d'une connaissance d'hier, et qui lui-même conversait alors de ses oncles Pierre et Thomas, de Molière, de Boileau, de La Fontaine, de Pascal, de Mme de Sévigné, comme de gens vus de la veille ! D'où il résulte que M. Le Roy a réfléchi dans ses regards les yeux qui avaient reçu l'image des illustres du siècle d'honneur de la France, et qu'ayant été vingt ans contemporain de ce Fontenelle, qui figure dans le catalogue des écrivains du règne de Louis XIV, il devient un interlocuteur direct et sans intermédiaire, un interprète, un

lien vivant entre ce grand siècle et le nôtre. Avec dix-
huit hommes comme cela, vous remontez à Jésus-
Christ, avec cinquante-huit jusqu'à Adam! En songeant
à ce qui reste aujourd'hui de l'ancien corps social de
notre pays, gouvernement, institutions, mœurs, usa-
ges, costume même, depuis le cataclysme de 89, vé-
ritablement certains vieillards dont l'enfance de M. Le
Roy garde la mémoire, ne doivent pas nous sembler
moins *fossiles* que ces races perdues de préadamites,
révélées par Georges Cuvier.

Je voudrais faire connaître à l'œuvre le Nestor de
nos poètes, par quelque chose de plus que l'épître
qui précède; mais il tient obstinément les cordons de
sa bourse littéraire serrés à n'y pouvoir fourrer le petit
doigt; et pourtant, outre les trois ouvrages imprimés,
cités plus haut, il s'est exercé fréquemment sur des
sujets de philosophie et d'économie politique; il est
auteur d'une traduction presque entière d'Horace et
partielle de Lucrèce, de nombreuses imitations de
l'*Anthologie* grecque et latine, ainsi que de divers es-
sais dans les langues vivantes, dont fort peu lui sont
étrangères. Il a jeté aussi au courant limpide de sa vie séculaire une foule de charmantes compositions fugitives,
pour la plupart desquelles il n'a de porte-feuille que
son cerveau, à l'instar des Druides, et qu'une personne admise dans son intimité parvenait à rassembler
lorsqu'il referma tout-à-coup son doux trésor, comme
la plante sensible au toucher. Ses lettres, ordinaire-
ment mêlées de rimes, et qu'on prendrait pour des
fragments inédits de la correspondance de Ferney,
deviennent de plus en plus extraordinaires par son âge

seul, qui n'y apporte aucun changement pour le fond ni pour la forme : le rapprochement que je viens de faire me conduit même à révéler que M. Beuchot, dans son excellente édition critique de Voltaire (tome XIV, page 3o5), restitue à M. Le Roy quelques uns de ses vers, prêtés jusqu'à ce jour au Crésus de la poésie légère, entre autres ceux de l'*Envoi des OEuvres du roi de Prusse à madame de****, que notre ancien commissaire composa pour une beauté de Brest.

Parmi les bribes envolées de son escarcelle et plus éparpillées que les feuillets de la Sibylle, le vent a pourtant jeté dans mes mains une des élégantes joyeusetés qui le délassaient à ses heures entre deux in-folio, il y a quelque soixante ou soixante-dix ans ; j'espère lui obtenir ici le transit, tant à la faveur de cette date, que sous le couvert honorable d'un savant et *très bon abbé,* comme dit l'auteur : il est vrai que les abbés d'autrefois entendaient mieux la plaisanterie que ceux d'aujourd'hui ; ce qui d'ailleurs ne saurait sembler un reproche aux derniers.

ROGER BONTEMPS :

Conte.

(*Extrait d'une lettre à l'abbé* GIRARD.)

Très bon abbé qui, sous vos cheveux gris,
Dé la jeunesse avez la gaîté vive;
Conteur aimable, inspiré par les ris,
Puissent ces vers, sans efforts entrepris,
Avoir le sel et la grâce naïve
Dont votre prose embellit ses récits.

Un vigneron, si j'ai bonne mémoire,
Est le héros de la présente histoire;
Roger-Bontemps on l'avait appelé.
Pauvre il était, de dettes accablé,
Mais né plaisant, riant de sa misère;
Mari de Jeanne, autre fine commère,
Femelle adroite à se tirer d'affaire,
Et dont l'esprit n'était jamais troublé.
Certain huissier, créancier redoutable,
Devait saisir les malheureux époux.
Bontemps disait : « Jeanne, que ferons-nous
Pour échapper aux griffes de ce diable? »
Jeannette rêve, et projette ceci :
« Fais bien le mort, dit-elle à son mari; »
D'un grand drap blanc, alors elle le couvre,
Aux pieds du lit met un saint crucifix,
Fait la dolente, et jette les hauts cris.
L'huissier arrive, il frappe, Jeannette ouvre.
« Hélas! dit-elle, hélas! monsieur l'huissier,
« Comment pourrais-je à présent vous payer?
« Mon homme est mort, je suis bien malheureuse. »
Le créancier regarde la pleureuse;
Belle qui pleure en est plus belle encor,
Son cœur d'huissier se ramollit d'abord,
Et le paillard qu'un feu vif aiguillonne
S'approche d'elle, et lui dit : « Calmez-vous,
« Jeanne, oubliez la dette et votre époux. »
Parlant ainsi, sa lourde main tâtonne,
Bon gré mal gré, la jeune vigneronne;
Lorsque Bontemps, Bontemps le trépassé,
Qui se voyait de cornes menacé,

Nouveau Ninus, d'un sépulchral organe,
Apostrophant ce tâtonneur de Jeanne :
« Coquin, dit-il, si je n'étais pas mort,
« Je te saurais frotter de main de maître. »
A ce discours, on eût vu le record,
Saisi d'effroi, sauter par la fenêtre ;
Et plus n'osa, crainte des revenants,
Inquiéter Jeannette ni Bontemps.

Mais croiriez-vous que journellement encore il continue de rendre visite, entre Tacite et Hume, Montesquieu et Adam Smith, à sa douce et bien fidèle Muse dont le temps n'a fait que mûrir les charmes sans les flétrir : *a prova* les deux pièces suivantes, dont la première fut récitée par lui avec un sentiment exquis, devant une brillante société réunie à sa famille, le jour de sa fête séculaire.

Plus on est vieux, moins on sait plaire ;
La vieillesse ennuie, on la fuit :
Triste sort auquel est réduit
Un infortuné centenaire !

Mais lorsque de parents chéris
Près de lui l'amitié s'empresse
Et soutient ses faibles débris,
Il sent rajeunir sa vieillesse.

Rajeunir !..... Non pour les amours !
Leurs doux plaisirs sont le partage
De ces beaux ans, hélas ! trop courts,
Où l'on est plus heureux que sage.

Mais vivre et mourir en aimant
Est un bonheur toujours possible ;
C'est par le cœur qu'on est sensible,
Il bat jusqu'au dernier moment !

L'autre pièce, empreinte de son atticisme ordinaire, contient, outre de nombreuses contre-vérités
sur son compte, un gros mensonge dans le titre : je
regrette que des convenances de personnes m'empê-
chent d'en fournir des preuves encore plus récentes.

MES DERNIERS VERS.

Au sein de ma mère,
Loin de la misère
Ne songeant à rien,
Ah ! que j'étais bien !
Quand il fallut naître
Combien je souffris !
Pauvre petit être,
Je poussai des cris ;
Pourtant à la vie
Je m'accoutumai,
Même je l'aimai,
C'était bien folie !
A de noirs pédants
Livré dès l'enfance,
Par des rudiments
Et des châtiments
Je pris connaissance
Des jargons savants.

Quand vint le bel âge
Je conviens, hélas !
Que je ne fus pas
Plus heureux que sage.
J'eus plus de désirs
Que de jouissances,
Assez de souffrances,
De rares plaisirs.
Enfin vers la tombe
Marchant à pas lents,
Bientôt je succombe
Sous le faix des ans.
La vieillesse lourde
Jetant sa main gourde
Sur ma tête sourde,
Use les ressorts
De mon faible corps.
Sa fille cruelle,

La sœur d'Atropos
Que Mort on appelle,
Marche derrière elle,
Brandissant sa faulx.
La laide camarde
S'approche de moi;
Mais je la regarde
Sans aucun effroi.
Augmenter le nombre
De mes jours perdus
Pour n'être que l'ombre
Du peu que je fus;
Vieillard inutile,
Momie imbécille
Dont chacun est las,
Est-il destinée
Plus infortunée?...
Mieux vaut le trépas.

De ma fin prochaine
Je verrai sans peine
Le lugubre apprêt,
Si ma raison est
Encore un peu saine;
Si sentant le prix
De la bienveillance
Et de l'obligeance
Des parents chéris
Près de qui je vis,
De leur indulgence
Je puis leur montrer
Avant d'expirer
Ma reconnaissance;
Puis, le cœur ému,
Doucement leur dire :
Mes amis, j'expire,
Vivez..... J'ai vécu.

Il me semble que celui qui trouve encore de pareilles expressions dans son cœur, ne fait pas l'effet d'un homme expirant, quoi qu'il dise; et que la sensibilité vraie répandue dans ce gracieux *carmen seculare* n'annonce pas de sitôt chez l'auteur ce que les physiologistes appellent l'*induration sénile*. Il me semble aussi qu'avec ces simples spécimens, dans la très arrière-saison où le voilà parvenu, et qu'en procédant avec lui comme les géomètres, du connu à l'inconnu, on peut se former une idée de son savoir-faire passé, dans l'âge de la sève printannière et de l'imagination.

Enfant du siècle de l'esprit (et à cet égard, *talis pa-*

ter, qualis filius), M. Le Roy, qui s'est toujours distingué par l'à-propos dans le discours, par ces saillies qui firent autrefois la fortune de beaucoup de gens, a conservé la même soudaineté de réparties, en dépit *« des vingt lustres complets surchargés de deux ans »*, que supporte sa tête chenue : malheureusement je n'ai noté que les suivantes dans les trop courts instants passés près de lui depuis sa *centénarité ;* mot de sa création, par parenthèse, et qu'il qualifie de « peu usité depuis l'Ancien Testament. »

Un indiscret voulait en appeler à ses anciens souvenirs de salon, et particulièrement d'homme galant :
— « Chut, interrompit-il, voilà plus d'un demi-siècle que j'ai tâché de transposer l'adjectif. »

On lui demandait comment il envisageait la question d'Orient : — « Par Phœbus, dit-il, je suis trop près du couchant pour voir clair au Levant! »

On lui conseillait, vu l'état parfait de sa santé, d'épouser une de ses arrière-petites-nièces : — « Soit, mais je veux la plus jeune : quel âge a-t-elle? — Cinq ans. — « Eh bien ! reprit-il, ce sera un placement à cinq pour cent. »

A son dernier anniversaire, il écouta debout la lecture de la plus prolixe harangue villageoise, roulant sur sa longévité ; comme on observait qu'elle avait dû le fatiguer : « Du tout ; j'aime beaucoup le style bucolique.... et imitatif, ajouta-t-il. »

Une dame lui disait de son récent portrait : — Il est parlant ; vous avez l'air de dire des choses aimables. — « Non, répliqua-t-il, mais d'en écouter. »

Une autre lui réclamait ces jours-ci le tribut d'usage pour son album presque rempli. Après avoir feuilleté quelques pages, il écrivit lestement au bas de la dernière :

« Souvent ici le mal est près du bien ;
« Usons de tout, et n'abusons de rien. »

Conclusion simple et juste pour un recueil de cette nature, véritable *olla-podrida* du bel-esprit.

Au surplus, le trait de M. Le Roy n'a jamais blessé un ami ni provoqué un ennemi. Sa malice, qui tient un peu de la douce ironie socratique, n'est pas de celles qui gâtent le sourire, parce qu'elle n'a point sa source au cœur; et il a trop constamment habité une atmosphère de mansuétude et de paix, pour déclarer la guerre à qui que ce soit, en paroles ou en actions.

Tel est l'homme que j'avais à vous faire connaître, et qu'une époque moins préoccupée ou autrement occupée que la nôtre n'aurait pas laissé passer inaperçu jusqu'à ce moment. Sans doute, ceux qui ne demandent la vie de leurs contemporains qu'aux chroniques du scandale ou de la folie, ceux qui ne les suivent que sur la brèche de notre Babel politique ou dans le pêle-mêle des ambitions coalisées, ceux-là trouveront cette Notice peu saillante; d'autres, je l'espère, y découvriront d'aimables enseignements et une moralité profitable. Tout un siècle, gouverner sur son étoile sans dévier et maître de sa destinée; parcourir la plus longue route semée des plus périlleuses révolutions, sans heurter les écueils du pouvoir, sans sacrifier aux idoles, sans perdre courage ou patience ; tout un siècle

borner ses désirs, cultiver son intelligence et perfec-
tionner son cœur, dans la secrète pratique d'honnêtes
vertus qui procurent le contentement de soi-même ét
des autres ; ce sont là aussi, j'ose dire, des titres d'honneur chez l'humanité, des droits bien acquis à la vé-
nération de tous : *nec tamen omnes possunt esse Scipio-
nes aut Maximi ; est etiam quietè, et purè, et eleganter
actæ ætatis placida, ac lenis senectus*, a dit le panégy-
riste de la vieillesse. Et d'ailleurs qui regretterait de
détourner un instant ses yeux de l'aspect tourmenté
du présent sur une tranquille et consolante image ?
Quand le temps est à la tempête, qui ne chercherait
une éclaircie dans le ciel sombre et menaçant !

J'en aurais bien à dire encore sur mon centenaire ;
mais je n'ai déjà que trop percé à jour cette vie murée
d'un solitaire, ami de l'ombre et du silence. — « C'est
une surprise, une félonie ! s'écriera-t-il ; on n'est trahi
que par les siens ! » — Soit ; cependant, qu'il ne l'ignore
pas : si j'expose à tous les regards son portrait qui ne
devait pas quitter les lambris du salon de famille ; si je
le signale aujourd'hui, c'est que, promis pour demain
à cette presse biographique dont le roman fait autant
les frais que l'histoire et qui, je le sais, l'a trouvé
justiciable de l'oisive curiosité publique, j'ai craint qu'il
ne tombât en des mains moins fidèles que les miennes.
Puisse l'intention m'amnistier et m'obtenir l'indulgence
accoutumée d'un bon parent !.... (car son père était
mon bisaïeul).